AF358938

ÉDOUARD CAVAILHON

Le Seize Mai hippique

Iʳᵉ SÉRIE.

PARIS

IMPRIMERIE DE G. BALITOUT ET Cᵉ

7, RUE BAILLIF, 7

1887

LA POLICE FRANCHE ET... L'AUTRE

Au Chef de la Police franche

Vous avez droit au respect de tous les hommes d'honnêteté, quels que soient leurs désirs ou leurs aspirations politiques, parce que vous êtes juste et bon.

Voilà pourquoi je fais appel à vos sentiments d'équité, en commençant une œuvre de lutte contre les exactions de la police inquisitoriale et masquée, qui expose votre admirable personnel à la dégradante obligation de prêter main-forte aux plus sales et ignobles argousins, déchaînés contre les plus paisibles citoyens.

Vous avez su faire de la police franche un corps d'hommes d'élite, très fermes devant le danger, ne transigeant pas avec le devoir, mais désireux d'employer la persuasion, plutôt que la force, pour maintenir partout l'ordre public et faire respecter la loi.

Honneur à vous, et merci ; vous avez bien mérité de la ville de Paris ; vous avez acquis droit de cité dans la métropole du monde intelligent.

Grâce à vous, les officiers de paix ne mentent pas à leur nom ; ils cherchent à apaiser les tempêtes populaires, au lieu de les provoquer ; ils sont polis et bienveillants, au lieu de prendre le ton rogue et l'allure provocante des anciens casseurs de tête.

L'exemple des chefs est suivi par les soldats du devoir.

Pourquoi faut-il, auprès de cette amélioration notable dans les rapports de la police honnête et respectable avec la population parisienne, trouver le revers de la médaille et être obligé de signaler à l'indignation, comme au mépris public, les tristes goujats de la police occulte et presqu'inavouable ?

Pourquoi, sous prétexte de sûreté générale ou d'une moralité dont il est au moins étrange de voir invoquer le prétexte, alors que l'Etat, l'assistance publique, les ministres et les commissaires des courses se sont fait entrepreneurs de jeux publics sur les hippodromes, pourquoi molester les spectateurs, qui veulent se livrer à un acte raisonné, en pariant à cote fixe et débattue entre les deux parties, au lieu de jouer sur un numéro comme à la roulette? Pourquoi tracasser et persécuter des hommes, tout ce qu'il y a de plus inoffensifs, et qui demandent simplement à ce qu'on leur laisse prendre leur plaisir où ils le trouvent? Pourquoi lâcher sur eux toute une meute sombre de ces taupes policières, dont il serait facile de citer les méfaits?

Eh! quoi, en plein Paris et en plein midi, l'on vient de pouvoir accomplir un enlèvement, comme si nous étions au cœur des montagnes les plus sauvages; les attaques nocturnes sont passées à l'état chronique, et au lieu d'occuper les mouchards à donner un peu plus de sécurité aux Parisiens, on leur permet d'enfoncer les poches ouvertes des parieurs aux courses?

En quel temps et sous quel gouvernement vivons-nous?

On dit que toutes ces vexations attentatoires à ce qu'il y a de plus sacré dans la liberté individuelle, proviennent d'un juif d'esprit allemand, très désireux de voir les courses péricliter en France, tandis que les Prussiens font tout ce qu'ils peuvent pour les développer chez eux, parce qu'ils ne connaissent aucun autre moyen d'obtenir de bons chevaux de guerre. Ce vilain coco, qui semble, par ses actes, être le serf de M. de Bismarck, à l'accent tudesque tellement prononcé qu'un ministre de tempérament gaulois ne le conserverait pas cinq minutes au poste de la sûreté générale, mais un ministre de sang gaulois est chose inconnue sous le règne fainéant de M. Grévy, beau-père de l'Anglais tonkinois Wilson.

Le susdit juif germain est l'inspirateur d'une trinité, composée de M. Clément, un ancien affilié aux plus intenses brutalités de l'Empire, qui est très heureux de pouvoir faire du zèle policier sous la République. Nous publierons *la planche* de son blackboulage comme francmaçon, c'est-à-dire le compte rendu de ses défaillances ; il y en a de très amusantes.

Dans la Trinité dont nous venons de parler, M. Clément représente Dieu le père.

Dieu le fils, c'est M. Mouquin, un Christ brun qui, mis en croix, n'aurait pas trop mauvaise mine.

Quant au Saint Esprit, M. Duranton a droit de personnifier ce troisième personnage d'une police de mystère. Le

bruit court qu'il a été pitre dans les ba-
raques de foire, où il était chargé de dé-
biter des calembours, à deux sous tout
le paquet. Son ardeur à imposer au public les beautés foraines de la Roulette
mutuelle trouve ainsi une explication
assez plausible.

Un de ces héros-mouches possède
déjà des états de service fort remarqua-
bles à faire porter à l'ordre du jour : sur
l'hippodrome de Colombes, il vient d'arrêter une diligence vide.

Un autre a bravement conduit au
poste une femme, en lui mettant les
menottes.

Un troisième a été vainqueur d'un enfant, mais non sans que celui-ci ne lui
échappe et ne s'exhausse sur ses petites
jambes, pour administrer à son bourreau
un coup de pied... vous devinez où ; mon
maître et mon ami Armand Silvestre
s'efforce souvent de glorifier cette partie
inférieure.

Ces paladins de la roulette chevaline
sont assez modestes, lorsqu'il s'agit de
leurs exploits. Ils se défendent même d'y
prendre plaisir, mais leur sourire de
béatitude mauvaise les trahit, lorsqu'ils
fouillent dans les poches de leurs victi-
mes et les dépouillent de leur argent.

Ils appellent cela faire de la police ; je

le veux bien, mais je ne puis m'empêcher de trouver pas mal d'analogie entre ce détroussement des parieurs sur les hippodromes et les procédés employés par un assez grand nombre de célébrités des grandes routes, et quelques criminels de droit commun.

Je défie le plus autère et le plus madré des magistrats, de me prouver que je suis fautif, en voulant parier à cote fixe sur un cheval, soit comme parieur pour soit comme parieur contre, tandis qu'en passant aux guichets d'un jeu de hasard comme le pari mutuel, je suis un petit saint digne d'être canonisé, au lieu d'être dévalisé par MM. Clément Dieu le père, Mouquin Dieu le fils, et Duranton Saint-Esprit.

Je vais d'abord relater l'opinion de mes principaux confrères sur ce sujet, afin de donner plus de poids à cette protestation. J'avoue que je suis vivement indigné de ce qui se passe. C'est un défi lancé au bon sens et à l'équité.

Dans son compte rendu des courses d'Auteuil, lundi dernier, *le Jockey* a publié les excellentes réflexions suivantes :

« Nous signalons la regrettable intervention de la police à Saint-Ouen et à Colombes. Constatons aujourd'hui, qu'on était unanime à déplorer les nouvelles rigueurs ordonnées par l'administration.

» Quelles que soient les raisons qu'on puisse invoquer pour justifier ces arrestations, le bon sens public n'admetra jamais qu'à côté du jeu fonctionnant officiellement par les soins et sous la protection des ministères de l'Intérieur et de l'Agriculture, le public n'ait pas le droit de se livrer à un autre mode de pari, qui se trouve protégé et même qualifié dans la circulaire Goblet. Le pari individuel est en effet reconnu par la loi.

» Personne n'a protesté lorsqu'il s'est agi de l'arrestation de gens sans aveu, essayant de faire de l'escroquerie, mais aujourd'hui on a arrêté des membres du Salon des Courses, pariant au livre avec d'autres membres de la même Société.

» Tous les spectateurs présents réprouvaient cette façon d'agir, et commençaient à trouver que les agents font de l'arbitraire et même de l'inquisition, résultats d'ordres supérieurs qui peuvent ne pas être assez précis.

1.

» Nous avouons, pour notre part, ne rien comprendre à la jurisprudence de la préfecture de police, car, dès l'instant où l'on n'emploie ni matériel, ni tickets, nous ne voyons pas en quoi le fait de parier entre personnes différentes, se connaissant et échangeant leurs noms, constitue une atteinte à la loi. »

***

Robert Milton, dans le *Figaro*, a fait une exécution plaisante des tourmenteurs policiers :

« En somme, a-t-il dit, bon sport. On n'a eu qu'un ennui : l'intervention de la police qui devient fastidieuse. Les agents, qui ont pris goût aux distractions du turf, se livrent à une persécution intermittente des parieurs. Il semblerait qu'ils vont là comme à la chasse, s'amusant à rabattre tantôt dans leur plaine banale, c'est-à-dire sur la pelouse, tantôt dans *leur réserve*, c'est-à-dire au pesage.

» Ils choisissent leurs coups tirant tantôt les coqs (lisez les bookmakers cossus), tantôt les lapins (lisez les petits bookmakers).

» Ils rentrent chez eux le soir, disant :

» — Nous nous sommes contentés de deux pièces

» D'autres fois, ils veulent une hécatombe, un tableau magnifique, comme dans les tirés de princes.

» Curieuse façon de comprendre la liberté républicaine. De par la volonté de Goblet obscurément inscrit maintenant au tableau des avocats, on a transformé les courses en maison de jeu, et la police arrête les joueurs qui ne mettent pas à la cagnotte. Il devrait suffire de signaler ces faits scandaleux au gouvernement actuel, pour qu'il les réprime et fasse de la circulaire Goblet ce qu'il a fait des libéralités *in extremis* du ministre Granet.

» En tout cas, il en est arrivé une bonne.

» Tout à coup, dans le pesage, une nouvelle fait son chemin :

» — Vous ne savez pas? On vient d'arrêter M. Clément !

» — M. Clément? Vous voulez rire ; dites plutôt que c'est M. Clément qui vient d'arrêter quelqu'un.

» — Non ! non ! non ! C'est bien M. Clément qui vient d'être arrêté : on l'a même fouillé et on lui a pris trois cents francs qu'il disait avoir gagnés au Pari Mutuel.

» Vous pensez le tapage. Le commissaire aux délégations judiciaires conduit dans son propre violon, traîné devant un collègue, traduit plus tard devant le tribunal correctionnel. Il y avait de quoi mettre en émoi toute la préfecture.

» Si encore il s'était agi d'un canard, mais le fait était exact, vérifié, certifié. M. Clément malfaiteur, que dites-vous de celle-là ? Si je vous racontais qu'il s'est pendu dans le bureau du commissariat à l'aide de son écharpe tricolore, qu'en penseriez-vous ?

» En journaliste consciencieux, j'ai demandé immédiatement à le voir. J'avais même ramassé sur la pelouse, à son intention, une petite araignée que je destinais à adoucir sa captivité !

» Jugez de ma surprise : on avait bien arrêté M. Clément, mais ce n'était pas le célèbre commissaire. C'était M. Clément le bookmaker. Et qui l'avait arrêté, M. Clément.

» Clément, inclément à Clément, voilà bien une ironie du sort. Clément verbalisant contre Clément, Clément prenant l'argent dans la poche de Clément pour le placer dans celle de Clément. Pourvu que le président s'y reconnaisse à l'audience et n'aille pas prononcer une condamnation contre le Clément qu'il ne faut pas. Il y a en tout cas un point à soumettre à la Cour de cassation : à savoir qu'en vertu de la loi physique qui dit que les pôles de même nom se repoussent, Clément n'aurait pas dû arrêter Clément. »

***

The Farmer, dans le *Gil Blas*, a donné le coup de boutoir suivant :

« Il est aussi bien à regretter de voir les arrestations recommencer comme de plus belle ; c'est à ne plus savoir sous quel régime on vit en France, et il faudrait définitivement prendre une résolution et faire savoir carrément au public si le pari mutuel est seul *obligatoire*.

***

Dans le même *Gil Blas*, le « Diable Boiteux » a écrit en tête de ses Echos :

« Très belle journée hier à Auteuil. Le Wild Monarch avait attiré sur le charmant hippodrome de la Société des steeples tout le high-life parisien.

» Les propriétaires, les membres des clubs sont au grand complet dans leurs tribunes respectives. Je ne pourrais nommer tous ceux que j'ai aperçus.

» La journée aurait été parfaite à tous les points de vue si dame police n'était venue mettre des bâtons dans les roues et gâter par un zèle excessif ce très agréable meeting.

» Il faudrait cependant que nos gouvernants s'entendissent une bonne fois pour toutes, car les sportsmen, donneurs ou preneurs, ne peuvent être ainsi tracassés à tout bout de champ. Le ring n'est plus possible dans ces conditions. Et le ring, le « ring » seul, est la vitalité des courses.

« Que les Sociétés d'encouragement se le disent! »

***

Dans l'*Evénement*, où la question hippique est traitée avec beaucoup de soin, Flavio a fait les très justes remarques que voici :

» Si nous avons eu, avec le beau temps et une *belle salle*, des courses intéressantes, nous avons eu aussi le revers de la médaille.

» L'administration recommence ses arrestations avec un nouvel entrain.

» Jusques à quand, etc., etc.??

» Voyons, nous étions tranquilles ;

quelle mouche a repiqué l'administration ? De qui émanent ces ordres enjoi-
gnant un redoublement de sévérité ? ?

» Et puis pourquoi des mesures hypo-
crites et partielles, sans aucun avertisse-
ment préalable ?

» Ou c'est défendu partout, ou c'est
toléré partout?

» Mais au moins, avant de rouvrir
l'ère des persécutions, il me semble que
rien ne serait plus facile que d'aviser
que telle chose est tolérée ou défendue.

» Alors preneurs et donneurs sau-
raient à quoi s'en tenir.

» C'est pour les Sociétés le premier
des devoirs que de prévenir leur public
par une affiche ou par une insertion dans
les journaux, afin d'éviter des surprises
plus que désagréables.

» Et j'entends par public, tout le
monde, c'est-à-dire les spectateurs du
pesage comme ceux de la pelouse, qui
ont droit aux mêmes égards.

» Au pesage, on a arrêté aujourd'hui
les bookmakers Clément et Pasquier ;
sur la pelouse, quelques arrestations
aussi.

» De ce train-là, avec quelques accal-
mies dans les poursuites, ce regrettable
« modus vivendi » durera encore au
vingtième siècle.

» Enfin, espérons que ce n'est qu'un mouvement nerveux de l'administration et que, maintenant que le Pari Mutuel installé partout fonctionne sans aucune protestation, elle va laisser tout le monde se livrer tranquillement, à son plaisir favori, sans ajouter des actes manquant de charme aux programmes des Sociétés.

» Le spectacle est suffisamment attrayant. Inutile de le corser. »

*
* *

Sous le titre : *La Chasse aux Portemonnaie, l'Intransigeant* s'est plaint en ces termes :

« La police qui laisse avec tant de complaisance fonctionner les établissements les plus étranges, présidés par le célèbre Duhamel, l'ami et l'ancien secrétaire intime de M. Grévy, recommence, depuis quelques jours, ses pirateries sur les champs de courses. Sans motif aucun, on met la main au collet d'innocents sportsmen, on les fouille et on leur enlève tout l'argent qu'ils portent.

» Dernièrement, aux courses de Colombes, les agents ont saisi une voiture, dans laquelle ils prétendaient qu'on

jouait. Le cocher lui-mème, tranquillement assis sur son siège, a été conduit
au poste ! On a dû également verbaliser
contre les chevaux. »

» Nous avions cru jusqu'ici que don
Carlos avait seul le privilège d'arrêter les
diligences.

» Lundi, sur l'hippodrome de Vin-
cennes, les arrestations se sont multi-
pliées au point que, après la première
course, le poste de police était absolument
plein. Un des malheureux qu'on a ainsi
séquestrés a été cruel pour le nouveau
cabinet :

» — Vous avez parié sur un cheval ?
lui a demandé l'agent chargé de l'inter-
roger.

» — C'est vrai ! a-t-il répondu ; mais,
que voulez-vous ? je suis un ancien ac-
tionnaire de la *Compagnie auxiliaire des
chemins de fer*, il faut bien que j'essaie
de regagner l'argent que M. Rouvier m'a
pris. »

Il est impossible, que l'honoré maître et gardien de la tranquillité parisienne approuve des inquisitions et des
actes de despotisme semblables.

Il n'a jamais eu à se plaindre du public sportif. On ne peut citer aucun acte de rébellion contre les agents sur les hippodromes. Officiers et gardiens de la paix n'ont qu'à se louer de l'accueil qui leur est fait.

Est-il juste, est-il habile, est-il prudent, est-il politique de venir abuser du calme, de la docilité, de la soumission de ces hommes de sport, qui sont remplis de convenance mais ne manquent pas d'énergie?

Le gouvernement de la Restauration a été chassé de France, en grande partie, pour avoir voulu conduire de force le populaire des villes et des campagnes à aller à la messe, et pour l'avoir empêché de danser le dimanche.

Si la République de nos ministres actuels rend des ukases contre les plaisirs publics, si elle se laisse aller à des actes arbitraires et vexatoires, si elle adopte les plus mauvais vices des monarchies, elle ne tardera pas à tomber en décadence d'abord, et puis en décomposition.

Les petites causes produisent souvent les plus grands effets.

Que diriez-vous d'un meunier, qui voudrait empêcher, *etiam manu militari*, ses voisins d'aller au moulin d'un ou de plusieurs de ses concurrents?

C'est le cas des capitaines du Pari

Mutuel. Ils semblent vouloir traîner le public aux autels de leur cagnotte, tandis que la police dite secrète, sans doute parce qu'elle est peu avouable, fait l'office de sergent racoleur, et empêche les spectateurs de parier autrement qu'aux cabanes mutuelles, comme naguère la Restauration essaya d'interdire aux paysans de danser le dimanche, et voulut les forcer d'assister à la messe.

Ah! prenez garde, le Parisien est toujours tenté de faire ce qu'on lui défend, et vous n'arriverez jamais à lui persuader que ce qui est licite dans un endroit déterminé d'un hippodrome, mérite d'être défendu à dix pas de là.

La question doit être portée plus haut qu'elle ne le comportait en premier lieu.

Le monopole à main armée que la Trinité Clément, Mouquin et Duranton s'efforce de constituer au profit des commissaires des courses est non seulement une illégalité monstrueuse, mais aussi le retour aux plus mauvais jours du régime du bon plaisir.

Ce monopole d'autocratie byzantine constitue la plus grave des atteintes à l'égalité humaine et à la liberté personnelle. C'est la négation du libre arbitre et de la dignité des individus.

En vertu de quel droit peut-on imposer à un homme majeur et parfaitement maître de ses actes l'obligation de ne pas faire un pari, s'il ne veut se plier au joug du pari gouvernemental ?

N'est-il pas honteux de venir dire à des citoyens français : « Vous êtes nos tributaires, taillables à merci ; nous voulons vous tondre comme des moutons de prébende, et vous plumer comme des pigeons de jeu de hasard, ainsi que cela se pratique, suivant les règles de la cagnotte la plus jugulairement organisée ; nous avons décrété de vous emprisonner dans le traquenard de nos antres à tickets ; si vous regimbez, si vous ne vous laissez pas guillotiner par persuasion, gare à Clément, gare à Mouquin, gare à Duranton !

N'est-ce pas la pire de toutes les impudeurs ? n'est-ce pas aussi la dernière des lâchetés.

Un de mes amis, très artiste, très gentleman et très poète, m'a dit il y a peu d'instants :

— Si jamais il prend fantaisie à un Clément, un Mouquin, ou un Duranton de venir m'adresser une simple observation, si leur cynisme envers le public me donne envie de parier avec qui que ce soit, uniquement pour les braver, veux-tu savoir ce que je ferai ?

— Je sais d'avance que tu ne feras rien
de banal.

— Non. Que ce délégué aux racolages
de la roulette des commissaires des courses, qui ont voulu se transformer en
croupiers soutenus par des argousins,
soit ceint de son écharpe ou qu'il ne le
soit pas, je lui planterai, sans répondre
un seul mot à son observation, un cou-
teau en pleine poitrine.

— Pour voir si ça pousse.

— Non, pour être traduit en Cour
d'assises, où l'on peut se défendre et
être acquitté par des hommes apparte-
nant à la vie ordinaire, par des juges
auprès desquels le droit de légitime colère est admis, au lieu d'être amené à
l'abattoir de la Police correctionnelle, où
la condamnation quand même, semble
être une consigne immuable.

— Mais c'est l'introduction des mœurs
corses à Paris.

— Est-ce que les hippodromes ne
semblent pas transformés, par l'établis-
sement des cabanes mutuelles, en
champs d'exploitation à police armée ?
Lorsque l'on est attaqué, n'a-t-on pas le
droit et le devoir de se défendre ? Jamais
fut-il défense plus légitime et plus sacrée
que celle de la liberté individuelle ?

Mon ami avait un tel accent de conviction, il aurait si froidement fait la chose telle qu'il disait, que par ma foi je ne sus rien objecter.

Je ne donnerai pas à mes lecteurs le conseil de suivre ces préceptes, mais je ne réponds point, le cas échéant, de ne pas les regarder comme orthodoxes. Lorsque les sous-policiers sont sages, modérés et convenables, il faut leur rendre la pareille, mais lorsqu'ils veulent se conduire comme des loups dévorants ou des chiens enragés, le seul remède est de faire tête, comme le sanglier aux abois.

Je vois là un danger véritable pour tous, et un sujet de déconsidération pour la vraie et honorable police, dont vous êtes le chef respecté.

Voilà pourquoi je vous adresse cette lettre au frontispice de l'œuvre de bon combat, que je fais paraître sous le titre de *Le Seize-Mai hippique*.

C'est au nom de la justice et de la liberté que je me mets au travail. Avec l'aide des hommes de cœur j'espère triompher, et parmi ces natures d'élite je suis assuré de pouvoir vous compter.

Permettez-moi donc d'espérer en votre aide, et veuillez agréer l'hommage de mes sentiments de haute estime et de profond respect.

NÉCESSITÉ D'UNE RÉGLEMENTATION LÉGISLATIVE

DES COURSES ET DES PARIS

Tout ce qui s'est passé depuis trois ans, c'est-à-dire depuis le jour où le vent s'est mis à souffler en tempête sur les commissaires de la Société d'Encouragement, et les a presque affolés, prouve combien est nécessaire la réglementation législative des courses et des paris.

Le but de ce travail sur le *Seize-Mai hippique* est de faire, avec la plus rigide impartialité, l'historique des trois dernières années, en se plaçant au seul point de vue des intérêts de l'élevage, du commerce et du public.

On verra tour à tour les défaillances et les fautes énormes des autocrates du turf, qui ont trouvé rue Scribe trop de délices de Capoue, et se sont laissé totalement griser par des succès dus à d'autres qu'eux, ainsi qu'il est aisé de le démontrer, et comme ce sera démontré.

Tout acte de faiblesse amène fatalement son auteur ou ses auteurs à un coup de force qui, devient, quatre-vingt-dix-huit fois sur cent, une source de faiblesse plus grande.

Le 23 septembre 1883, l'indiscipline du jockey Kellet montant Kiss, fut tellement éhontée que le baron de La Rochette traversa la piste pour prêter aide à Henri Hurst, le starter d'alors.

Kellet, depuis près de quarante minutes, refusait obstinément de se rendre au poteau de départ.

Le baron de La Rochette fut aussi impuissant que Henri Hurst à se faire obéir. Kellet lui lâcha le mot de Cambronne, sans doute pour que l'Angleterre ne garde pas sur l'estomac ce projectile d'une artillerie *a posteriori*.

Le récalcitrant fut mis à pied pour la fin de la saison, qui se terminait dans six semaines. Certes, ce n'était guère ; mais ce fut encore plus anodin.

Le 18 octobre suivant, Kellet était gracié, sans qu'aucune note ait paru au *Bulletin officiel*. Il vint se faire peser pour monter Cornette dans le prix de Pontarmé, à Chantilly.

Henri Hurst n'avait pas été prévenu. Par un sentiment de dignité professionnelle, qu'on ne saurait désapprouver, il déclara vivement qu'il ne donnerait pas le départ si Kellet prenait part à la course.

Au moment même, le commissaire qui opérait, et dont nous ne citerons pas le nom parce qu'il ne fait plus partie de l'aréopage tyrannique de la rue Scribe, répondit :

— C'est bien ! vous allez être remplacé.

Voici ce que j'écrivis à ce sujet dans mon compte rendu de l'incident :

« Nous avons le plus grand respect pour la personne comme pour les décisions des commissaires de la Société d'Encouragement ; mais nous craignons bien que, en cette occasion, ils aient préparé pour le successeur d'Henri Hurst une place de plus en plus difficile à bien remplir. Les jockeys se trouvent ainsi autorisés à n'avoir plus aucune déférence pour le starter. Dans ces conditions, on pourrait trouver un Mac George, qu'au bout de huit jours il serait usé.

» Henri Hurst s'est sacrifié lui-même par un sentiment très honorable. Il vaut mieux pour lui avoir ainsi démissionné qu'avoir été révoqué. Sans doute, il avait donné quelques très mauvais départs ; mais si l'on n'accorde pas plus d'autorité à son successeur, je crains fort que nous n'allions de mal en pis. Un autre a chance de bien faire, mais à la condition qu'on lui en donne la possibilité, en l'armant mieux que ne l'était Henri Hurst. Sans cela, les jockeys désobéiront de plus en plus. »

On a pu voir maintes fois, bien que M. Figès connaisse son métier, que j'avais raison d'écrire ce qui précède.

L'origine du Seize-Mai hippique est tout entière dans l'indulgence coupable qu'on a eue pour le jockey Kellet. Nous le prouverons dans des détails à l'appui ; pour l'instant, contentons-nous d'esquisser à grands traits les diverses phases de ces tristes étapes de décadence d'une Société, jusqu'alors aimée et respectée de tous.

En 1884 apparaît un cheval hors ligne, une grande machine à galoper, dans le genre de Boïard. C'est Little Duck.

Kellet, rendu audacieux par la courtisanerie des commissaires des courses à son égard, l'arrête net devant les tribunes et les yeux des commissaires.

Et ceux-ci ne le mettent pas à pied pour la vie, et ne le font pas chasser de France.

Il faut que cette œuvre saine soit remplie par d'autres.

C'est une charge accablante et inoubliable pour le trio de la rue Scribe.

D'un autre côté, quelques entraîneurs semblaient s'être fait une spécialité d'avoir des chevaux, malades ou bien dispos, à volonté.

C'étaient de véritables transformations à vue.

Les commissaires ne bougeaient pas plus que s'ils eussent été changés en dieux termes.

Le public s'irritait peu à peu de cette immobilité par trop insoucieuse.

L'orage s'amassait.

Il éclata le 5 octobre 1884, à Longchamp, et il devint terrible, justement un jour où il n'avait aucune raison d'être.

Trois juments se présentaient dans le prix des Fortifications : Georgina, Blonde II et Infidèle. Le compte rendu de la course, tel que je le publiai alors, rappellera très exactement les faits ; le voici :

« Infidèle, Georgina et Blonde II ont monté la côte tête à tête dans le prix des Fortifications. A la descente, Infidèle et Blonde II forçaient le train et prenaient plusieurs longueurs d'avance sur Georgina, que Caratt ménageait.

» Dans la ligne droite, Infidèle était à bout de souffle. Georgina passait comme une flèche, et prenait plusieurs longueurs devant Blonde II, que son jockey voulait trop pousser et qui se dérobait.

» Si Sharpe, le jockey de Blonde II, n'eût pas été bon cavalier, il aurait roulé à terre. Il est parvenu à rester en selle, et a bien ramené sa jument, qui est arrivée seconde à trois quarts de longueur de Georgina, gagnant très facilement.

» Jamais résultat n'a présenté régularité plus parfaite. Infidèle n'est plus que l'ombre d'elle-même ; le plus myope peut s'en rendre compte au premier examen. Un aveugle pourrait le reconnaître, en touchant son poil piqué. Elle a couru de mal en pis depuis longtemps, et a causé les plus amères déceptions à son propriétaire comme à son entraîneur. »

Georgina a prouvé qu'elle vaut mieux qu'Egérie, puisqu'elle l'a battue à poids égal dans le prix des Ecuries, à Deauville. Or, la place d'Egerie, derrière Diadème, le 28 septembre, à Longchamp, indiquait bien que Georgina devait battre Blonde II, qui n'a jamais remporté aucun succès digne d'être cité.

Les parieurs affolés, qui sont venus invectiver et frapper Sharpe à son re-

tour sur la piste, n'ont donc aucune ex-
cuse. Dans leur aveugle bestialité, ils
ont frappé même sur la jument, que
pourtant ils ne pouvaient regarder comme
une coupable. Ces colères de brutes, dé-
pitées dans leurs appétits de gain sans
travail, doivent être réprimées très sévè-
rement. Ces gens-là sont les pires enne-
mis des courses. Ils n'ont aucun goût
sportif; les chevaux ne sont pour eux
que des sortes de cartes vivantes, sur
lesquelles ils parient plus qu'ils ne peuvent et qu'ils ne doivent. Quand ils per-
dent, ils deviennent bêtes et méchants;
quand ils gagnent, ils n'en profitent
guère, car ils ont vite dépensé par la
flûte ce qui est venu par le tambour (1).

A côté de ceux-ci, il y a des hommes
de sport, aimant le cheval pour le cheval, et les courses en raison de leurs
luttes viriles; ils parient très peu, et de
manière à ce que la perte ne puisse gê-
ner leur budget. Vous ne les verrez jamais faire de récriminations affolées,
parce qu'ils savent bien qu'il ne saurait

---

(1) Voilà des clients tout trouvés pour la Roulette mutuelle, et le rétablissement de ce jeu
de hasard semble fait exprès pour eux. Si l'on
a voulu les amener en plus grand nombre sur
les hippodromes, on ne pouvait mieux réussir.

y avoir dans les courses sérieuses des résultats assurés d'avance.

Peu à peu, leur nombre augmentera, tandis que les énergumènes disparaîtront, si les commissaires des courses veulent y prêter la main, et s'occuper de cette grave question.

***

Je n'ai pas un mot à changer aujourd'hui à ces réflexions écrites au moment où la grande querelle, entre les divers modes de paris, n'était pas ouverte. N'est-ce pas une preuve que j'étais dans le vrai, en donnant la préférence, même avant la lettre, au pari fait d'après une appréciation raisonnée sur le pari fait au hasard?

***

Le baron de La Rochette fut ravi de cette émeute bébête, où tout se borna à quelques horions sans gravité. Le terrible ennemi des paris aurait bien voulu qu'il y eut plusieurs morts et beaucoup de blessés, mais on ne peut tout avoir à la fois et il faut savoir se contenter de peu. Il racola quelques bourgeois du turf, auxquels il promit en récompense de leur adhésion à ses idées une élévation à la pairie du Jockey-Club, et une pétition demandant la suppression des paris sur les champs de courses fut signée par les propriétaires de chevaux. Les grands furent entraînés par les petits ; les vétérans furent hypnotisés par les conscrits.

Jamais surprise aussi carabinée ne s'est produite sur le turf.

Une commission des paris fut nommée.

Vous savez ce que sont les commissions dans notre pays de ronds de cuir.

L'opinion publique et celle des signataires de la fameuse pétition était tout à fait contraire à la susdite pétition.

En voici une preuve, empruntée au *Figaro* des premiers jours de février 1885. Sous la signature de Robert Milton, on peut encore lire dans la collection du grand journal parisien :

« On fera des recettes plus maigres que les années précédentes ; il faut s'y résigner. En deux mois, décembre et janvier, les théâtres ont encaissé plus de 900.000 fr, de moins qu'en 83-84. Plus de 900.000 fr. de moins ! Ce chiffre est rond et devrait donner à réfléchir au Saint-Vincent-de-Paul de la commission des paris.

» Je connais la ténacité du baron de La Rochette ; elle est d'ailleurs prover-biale. Peu lui importe que M. Lupin, dont l'opinion a sa valeur, et sa très grande valeur, vote pour le *statu quo*. Peu lui importe que le vicomte Beugnot, comme la plupart des hommes sensés, se demande ce que signifie la campagne entreprise, quand il eût été si simple de se tenir tranquille. Le baron poursuit son chemin, autrement dit sa petite campagne tonkinoise, dont il voudrait bien retirer un résultat si mince qu'il fût. *C'est là le difficile !*

» Voyons, ne peut-on s'arrêter en chemin ? — Vaut-il mieux s'enferrer jusqu'au bout ? — Parole d'honneur, je finis par m'imaginer que l'éminent sportsman, l'homme d'infiniment d'esprit qui menait les destinées de la Société d'Encouragement, est en train de s'assimiler à un simple capitaine de l'Armée du Salut, car j'entends son rapport :

« Pour quitter ce bas monde, marchons » musique en tête et pas à pas, nous vou-

» lons gagner l'heureux pays de Sion.
» Ne parions plus, mes chers frères,
» *alleluia!*... Sur les champs de course,
» paix aux hommes de bonne volonté ; à
» moi le pari mutuel et les vieilles mé-
» caniques d'Oller; en route pour le ciel !
» Buvons du thé, du thé, du thé ! — Plus
» de baccara dans les cercles ; nous le
» remplaçons par le loto, le pari mutuel
» des salons. — Maître, sauvez-nous de
» l'abîme ! Tous sont appelés, tous seront
» élus ! »

Tenez ! un peu de franchise : je n'ai pas encore rencontré un propriétaire ayant signé la fameuse pétition qui ne m'ait dit qu'elle était absurde et qu'il avait eu la main forcée. »

D'un autre côté, il est aisé de retrouver dans le même journal, une remarquable étude sur *les tripots et les loteries*, publiée par Ignotus :

» Les fermetures de cercles protègent plus *les grecs* qu'elles ne les détruisent. Les joueurs se retrouvent ailleurs, dans les maisons non autorisées. Les joueurs honnêtes, qui sont là à l'état de contravention, n'ont aucune action contre *les grecs*. Si elle n'est pas mieux organisée légalement, cette fameuse campagne contre les cercles ne sera favorable qu'aux voleurs.

Cette question de jeu est la plus complexe qui soit. Le jeu soutient *la Bourse* des vraies affaires du pays. Le jeu soutient la grande institution nationale des courses.

Le jeu crée le bon cheval. Or, en temps de guerre, un cheval vaut plus pour la patrie que ne vaut un soldat. »

❊ ❊ ❊

C'était le langage de la raison, formulé par la pensée de deux écrivains de talent qui, par leur travail de vingt années dans le premier des journaux parisiens, ont conquis une autorité méritée, mais le baron de La Rochette, affolé d'aristocratie autocratique, ne pouvait l'écouter.

Comment lui en vouloir? Il ne comprend pas.

Pour mon compte, je m'oppose, sans aucune animosité, aux idées de ce Don Quichotte déchaîné contre les paris, et je conserve pour lui la plus haute estime, en même temps que la reconnaissance rétrospective, si bien due à ses services d'antan.

Ce n'est point l'homme, respectable

sous tous les rapports et devant la poitrine duquel je me précipiterais sans hésiter si je le voyais menacé de la plus petite insulte, que je combats, mais seulement ses principes rétrogrades.

Le Polignac du turf veut aristocratiser outre mesure l'élevage et faire des courses un monopole patricien ; tous mes efforts tendent à rendre populaire le goût et l'amour du cheval, goût et amour dont les courses et les paris sont les plus puissants auxiliaires.

Le baron veut faire de l'élevage une chapelle fermée, qui deviendrait certainement son tombeau expiatoire ; je veux un vaste temple hippique, ouvert aux petits éleveurs encore plus qu'aux grands, parce que les petits sont plus intéressants que les grands, parce que les petits représentent la force vive et l'avenir de la nation tandis, que les grands veulent trop en être les parasites.

Dans cette résistance d'un grand du monde, je ne cesserai d'apporter la loyauté et la bonne foi, mais aussi la légitime ardeur de ma conviction.

Je suis assuré d'avoir pour moi la presque unanimité des hommes de cheval, et la communion de pensée de mes confrères sinon leur aide effectif. C'est quelque chose.

Et puis, je resterai fidèle à ma règle de conduite : Fais ce que dois, advienne que pourra.

M. Alfred Edwards, le jeune et vaillant directeur du *Matin*, journal éclectique auquel il a su donner en peu de temps une si forte impulsion, m'a promis son puissant concours. Je tiens à l'en remercier de tout cœur.

L'OPINION DES ÉTUDIANTS

A Édouard Cavailhon

Toi qui sais combien l'élevage
Est utile à notre pays,
Et quel peut être l'avantage
Qu'ont sur nous les Prussiens haïs,

Merci d'avoir eu le courage,
Au nom des éleveurs trahis,
De descendre, preux d'un autre âge,
Chez nos ministres ébahis.

Dans leur immonde pétaudière,
Nous t'avons vu, plein de colère,
Fouailler les préjugés anciens,

Et, cinglant quelque peu les crânes
De nos gouvernants béotiens,
Essayer de dresser des ânes.

C. Depoix.
Étudiant en droit.

LE SERGENT DE LA ROCHETTE

« Tel brille au second rang qui s'éclipse au premier »,
Voilà ce que, baron, vous qui perdez la tête
Et devenez enfant à force d'envier,
Voilà ce que vous doit rappeler le poète.

Vous étiez bon sergent, et l'officier Daru
Savait trouver en vous un manœuvre fidèle,
Mais lorsqu'est mort ce chef, trop vite disparu,
Vous n'avez pas voulu le prendre pour modèle.

Et vous avez eu tort, entendez-vous, sergent;
Il aimait le public, et s'occupait sans cesse
De se montrer à tous affable, complaisant.
Les cœurs étaient gagnés par sa fine souplesse.

Dans l'œuvre du grand sport le début fut très dur.
Daru sut imposer son charme populaire,
Et changer la tempête en fécondant azur.
Il refoula toujours la haine et la colère.

Car c'était un vrai chef; vous n'êtes qu'un sergent
Ombrageux, querelleur, et qu'un rien inquiète,
Jaloux de tout voisin et de tout ascendant,
Égoïste féroce et d'humeur qui s'entête.

Tant de morgue messied, je le dirai sans fin.
Vous étiez bon sous-chef, vous êtes mauvais maître,
Car Daru voyait grand, et vous voyez mesquin.
Vous n'avez, croyez-moi, sergent, qu'à vous démettre.

CANARD GOBLET A LA BROCHE

La Rochette, jaune d'envie,
Rêvait la mort de ses rivaux.
« Toute course m'est asservie,
» Disait-il, ivre de travaux.
» Je me bats l'œil de tout reproche ;
» Je veux abuser du pouvoir.
» C'est amusant, cette bamboche,
« Lorsqu'on n'est plus qu'un vieux rasoir

Un Joffrin apprend la manie
Du vieux despote de cheval,
Et trouve là sa litanie
Près du Conseil municipal.
« Citoyens, la mouche du coche
» Pour les courses, c'est moi, Joffrin.
» Je veux qu'on tremble à mon approche,
» Et qu'au turf l'on impose un frein. »

La Rochette à Joffrin s'allie,
Sans rougir de se dégrader,
Le bon vin, qu'on mêle à la lie,
Ne peut gagner ni se garder,
Et bientôt nouvelle alliance
Est conclue avec un canard,
Qui, pour le malheur de la France
Domine en ministre-moutard.

3.

Il est très fort autoritaire,
Très rageur, comme tout roquet,
Cet avorton de canardière
Devenu commandeur du guet.
Dans une idiote circulaire,
Bave impure de Levaillant,
Il dépasse Joffrin l'austère
Et La Rochette vieil enfant.

Par la faute de ces trois hommes,
Nous sommes en gâchis complet.
Prolétaires et gentilshommes
Maudissent le canard Goblet.
De peur de nouvelle anicroche,
Ecoutez ma péroraison :
Mettre le canard à la broche
Et ses aides à Charenton.

PÉPÉ OLLER

GÉNÉRAL DE L'ORDRE DE LA SOCIÉTÉ DE JÉSUS

SANS ENCOURAGEMENT

———

I

La Rochette abdiqua, disant: « Je suis trop vieux,
» Mais ne crois nul français digne d'être à ma place.
» Je veux qu'Oller Pépé soit mon *Faute de mieux*,
» Et qu'on parle longtemps de ma dernière audace.
» A bas la République et vive l'Espagnol !
» Eh! quoi, j'aurais tondu tous ces moutons de
» Garrotté le public avec un dur licol,   [France,
» Et je ne pourrais pas en avoir l'ordonnance.
» C'est à devenir fou de se voir contester,
» Par des nouveaux venus, le droit d'omnipotence.
» Je veux être leur loup et non leur bon berger;
» Ces bourgeois, ces manants méritent qu'on les
» A moi, cet Espagnol, et l'inquisition !   [tance.
» J'ai su tromper Joffrin, Goblet et la police,
» Et je vais savourer la seule passion
» Qui me reste. Mon Dieu veut que j'anéantisse.

3..

» Que m'importe mon œuvre et son pire destin ?
» Que m'importe d'entendre autour de moi bruire
» Eleveurs, commerçants ? C'est du simple fretin.
» Je ne puis plus créer, et me plais à détruire. »

II

Le général Pépé fit jouer le ressort
De ses combinaisons. Ses vieilles mécaniques
Semblaient mortes. Il faut redouter l'eau qui dort,
Et l'Espagnol qui porte en France ses rubriques.
Le Pari Mutuel fut apothéosé.
Mais on sait que tout chat échaudé craint l'eau froide,
Et par tout le public Pépé se vit chassé.
Du nouveau général le trône tomba roide.

III

Par qui donc remplacer cet Espagnol serpent ?
Un fidèle répond : « Par moi P. de Salverte,
Par moi parieur contre, ancien qui se repent, »
Mais Kergorlay s'écrie : « Ah ! zut, elle est trop verte !
On dirait, palsambleu, que Silvestre est ici,
Et nous tournons, vraiment, messieurs, à sa manière.
Après Oller Pépé, P. de Salverte aussi !
On rirait. Je ne veux plus être commissaire. »

En effet, à ces mots, La Rochette sourit,
Et chacun sait chez nous que le rire désarme.
Il n'est donc pas encor tout à fait déconfit,
Puisqu'à l'esprit gaulois il trouve quelque charme.

IV

Il s'agit désormais de ramener Goblet.
Un argument pour lui doit être sans réplique ;
Lorsque de dictateurs il se fait le reflet,
Il porte un coup mortel à l'Etat-République.

L'hippique Seize-Mai forme des prétoriens.
Des grands chefs de terreur l'argousin anonyme
Qui dépouille les gens de leurs intimes biens,
Prépare le public à subir force et crime,
Car jamais on ne vit pareille exaction.
La loi du bon plaisir, le règne du caprice
Sont à l'ordre du jour, et la suspicion
Accuse l'épargné, d'être de la police.

C'est le temps des suspects qu'on réveille chez nous.
Garder l'ordre public est une noble tâche.
Pourquoi la ravaler, mouchards, auprès de tous ?
Abuser du pouvoir, c'est ignoble et c'est lâche.

Est-ce pour vous venger de vos échecs nombreux
Autour des assassins? N'avez-vous de courage
Que pour saisir de l'or et palper des enjeux?
Ah ! vous mériteriez qu'on vous crache au visage.

Mais auprès de ces vils et bas exécuteurs,
Séides précurseurs de quelque dictature,
Il est des esprits sains et de très nobles cœurs.
Je veux les saluer d'une nomenclature.

Le préfet de police a l'esprit parisien,
Et le nom de Gragnon mérite qu'on l'honore ;
Caubet et Brocheton sont deux hommes de bien
Roudil et Gutzviller, Auger, d'autres encore ;

Grillières, Cochefer, Cornette, et les agents
Qui se montrent gardiens de paix et non de guerre.
Honneur à ces soldats du devoir ! Leurs élans
Ne vont qu'aux vrais troubleurs d'ordre, comme naguère.

V

Résumons : si Goblet voit le mauvais côté
Du lâche abus de force où son ukase entraîne,
Je doute que bientôt il ne l'ait rapporté.
La cause du grand sport sera de nouveau reine ;
Le prince de Bismarck ne se gaudira plus
De nous voir bêtement dépenser notre force.
Tout loyal français doit appeler le reflux,
Où la haine s'éteint au lieu qu'elle se corse.

Si je puis apaiser Goblet par la raison,
Et l'antique tyran des courses par le rire,
C'est un beau résultat, messieurs, pour la saison,
Comme dirait Pandore à son brigadier-sire.
Et ne criez pas trop au rêve sans fanal,
    Car ce brave Pandore
    N'était point si banal.
    Comme l'horizon se colore
    Depuis les monts jusques au val
    Après l'orage, ainsi l'aurore
    Du bien naît souvent dans le mal.
Après les sombres jours de l'hippique tempête,
Je vois à l'horizon reparaître l'azur.
Eleveurs, commerçants, croyez-en le poète :
Lorsque l'on est sincère, on a le coup d'œil sûr.

LES COURSES DE PROVINCE

Par les courses de province, je veux
entendre les courses du midi de la France, mais en particulier des pays où l'é-
levage chevalin n'est que très peu en
vogue.

Pour quel motif les provinciaux se
rendent-ils aux courses? — Les uns y
sont amenés par la curiosité ; les repré-
sentants du beau sexe, pour exposer
leur toilette ou leur beauté physique ;
d'autres, en petit nombre, y vont, munis
de leur petit pécule, dans l'intention
d'engager leur argent sur un cheval qui,
d'après les gens bien renseignés, doit se
trouver devant ses adversaires. Ceux-ci
parient donc, sinon avec raison, du moins
en faisant un acte raisonné, mais leurs

compatriotes masculins ou féminins ont une toute autre manière d'envisager le pari aux courses ; d'abord la poule est très goûtée ; puis le nom d'un cheval plaît-il à une dame, aussitôt il possède sa confiance, et lorsqu'il entre en lice, comme un noble chevalier, il est chargé de porter brillamment les couleurs de la dame qui l'a choisi pour son champion.

D'autres s'en rapportent au cheval portant un numéro qui leur plaît C'est à ceux-ci que l'on devrait dédier les appâts du pari mutuel.

Enfin, de toutes façons, l'argent passe de main en main.

L'arrivée produit une agitation toute particulière : chacun voit gagner son champion. C'est le rouge ! C'est le bleu ! C'est le jaune ! Voilà ce qu'on entend.

Après la course, chacun expose ses réflexions sur le résultat. C'est ainsi qu'il y a deux ans, dans le prix National à Périgueux, Farceur II et Blonde II se présentèrent au poteau. La jument gagna facilement. Ses partisans étaient moins nombreux que ceux de son adversaire. L'un d'eux s'écria : « Je n'aurais pas été plus complaisant avec ma fiancée, que ce farceur ne l'a été avec sa blonde compagne. » Ce jeu de mots était pris au sérieux et son auteur était un homme considéré comme ayant beaucoup d'esprit.

La galanterie française ne se reconnaît-elle pas, même parmi les chevaux ?

Malgré ses naïvetés presqu'enfantines, la circulaire Goblet, pas plus que les proclamations des commissaires de la Société d'Encouragement, n'ont été acceptées sans murmure. Les hommes de sport n'aiment à supporter aucun joug, et peu de personnes peuvent se vanter de leur avoir fait faire ce qu'ils ne voulaient pas. Ils se rendent beaucoup moins aux courses, car ils n'admettent pas qu'on viole le principe fondamental du libre arbitre.

Pauvre Société d'Encouragement ! Tous ses actes tournent contre elle. Elle se voit battue par ses propres armes. Ce n'est pas tout à fait ce qu'elle désirait.

Depuis les changements à reculons qu'on a apportés dans les courses et dans les paris, beaucoup de sportsmen s'abstiennent de leur grand plaisir. Les membres du Jockey-Club ne doivent pas être satisfaits de ce résultat, car les belles dames qui ressortaient du gros du public comme autant de perles fines, regrettent le petit tableau où elles allaient librement faire le choix non pas d'un mari or d'un amant, mais d'un champion à leur convenance. A présent, il faut faire la queue et, quoique quelques-unes de ces beautés aient pu être dames de cour, je ne crois pas qu'elles s'exposeraient au milieu de la foule, pour un caprice qui, auparavant, était beaucoup plus satisfait.

Donc, messieurs de la galanterie française, établissez un mode de pari plus commode, au nom du beau sexe.

Vous ne pouvez refuser.

ROGER CAVAILHON.

www.ingramcontent.com/pod-product-compliance
Lightning Source LLC
LaVergne TN
LVHW022335170726